MI AMIGO ME AVERGONZÓ

BUSCAR UNA SOLUCIÓN

Tú eliges el final

por Connie Colwell Miller • ilustrado por Sofia Cardoso

¿Alguna vez deseaste poder cambiar una historia o elegir un final diferente?

¡EN ESTOS LIBROS, PUEDES HACERLO!

Sigue leyendo y cuando veas esto:

¿QUÉ PASA DESPUÉS?

Ve a la página de esa opción y descubre qué pasa.

En esta historia, Cora avergüenza a su amigo Abdi. ¿Resolverá Abdi las cosas con su amiga, o se enojará con ella? ¡TÚ decides!

En el recreo, Abdi y su mejor amiga, Cora, eligen equipos para jugar béisbol. Cuando le toca a Abdi, él elige a Rylie.

Cora dice bruscamente: "¡Sabía que ibas a elegir a Rylie! ¡Estás tan enamorado de ella!".

DA VUELTA A LA PÁGINA →

Todos voltean para mirar a Abdi, incluso Rylie. Algunos niños se ríen. Las mejillas de Abdi están rojas de vergüenza. Cora le susurra: "Cielos, Abdi. Perdóname. Se me escapó".

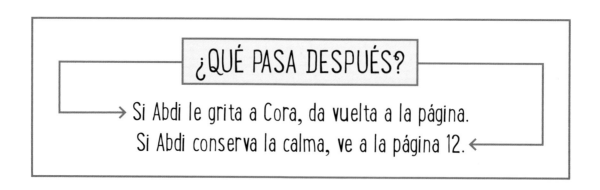

¿QUÉ PASA DESPUÉS?

→ Si Abdi le grita a Cora, da vuelta a la página.
Si Abdi conserva la calma, ve a la página 12. ←

Abdi grita: "¡Pues TÚ estás enamorada de Adam!". Sabe que no debe compartir el secreto de Cora, pero está enojado. Se alegra de que los niños miren a Cora y no a él.

¿QUÉ PASA DESPUÉS?

Si Abdi sigue molestando a Cora, da vuelta a la página.
Si Abdi habla a solas con Cora, ve a la pagina 16.

Abdi se burla: "De hecho, como te gusta tanto Adam, ¿por qué no se casan?". Más niños se ríen. Los ojos de Cora se llenan de lágrimas.

¿QUÉ PASA DESPUÉS?

→ Si Abdi molesta a Cora aún más, da vuelta a la página.
Si Abdi se da cuenta de que exageró, ve a la página 20. ←

DA VUELTA A LA PÁGINA →

Cora dice: "Te pedí disculpas, Abdi".

Pero Abdi sigue. Le canta: "Cora y Adam un solo corazón...".

Cora se pone a llorar y se va corriendo de la cancha. Abdi se da cuenta de que molestar a Cora empeoró la situación. Ahora, tendrá que jugar béisbol sin su amiga.

FIN

→ Ve a la página 23. ←

Abdi se siente avergonzado y un poco enojado. Pero se da cuenta de que Cora no quiso hacerle daño.

Cora dice: "De veras lo siento, Abdi".

Abdi le dice: "Dame un minuto". Va hacia la banca a amarrarse las agujetas. Busca a Rylie. Ella está calentando con otra amiga y parece haber olvidado lo que sucedió.

DA VUELTA A LA PÁGINA →

Después de un rato, Abdi regresa con sus amigos. Los niños juegan un juego divertido de béisbol, y Abdi se alegra de no haber hecho un escándalo. Todos olvidaron su vergüenza y se pusieron a jugar.

FIN

→ Ve a la página 23. ←

"Mira, Cora. Perdón por lo que dije. Pero me avergonzaste".

Cora dice: "Tienes razón. Lo siento también".

DA VUELTA A LA PÁGINA →

Cora pregunta: "¿Aún quieres jugar?".

Abdi se acuerda de algo que su padre le dijo. Su papá le dijo que la gente se olvida rápido de los momentos vergonzosos de otras personas.

Abdi responde: "Sí, vamos a jugar". Regresa a la cancha con Cora y empiezan el juego.

FIN

→ Ve a la página 23. ←

Abdi ve la cara de su amiga y se da cuenta de que exageró. Le dice: "¿Podemos hablar a solas, Cora?".

DA VUELTA A LA PÁGINA →

Abdi admite: "Perdóname por lo que dije. Me avergonzaste y me enojé. Creo que tal vez necesitamos tiempo para calmarnos". Abdi y Cora se van del juego. Pasan un tiempo alejados.

FIN

PIENSA OTRA VEZ

- ¿Qué pasó al final del camino que elegiste?
- ¿Te gustó ese final?
- Regresa a la página 3. Lee el cuento de nuevo y elige diferentes opciones. ¿Cómo cambió la historia?

Todos podemos elegir cómo actuar cuando nos sentimos avergonzados. Si un amigo te avergonzara, ¿TÚ te enojarías, o tratarías de resolverlo?

AMICUS ILLUSTRATED es una publicación de Amicus
P.O. Box 227, Mankato, MN 56002
www.amicuspublishing.us

Library of Congress Cataloging-in-Publication Data
Names: Miller, Connie Colwell, 1976- author. | Cardoso, Sofia (Illustrator), illustrator.
Title: Mi amigo me avergonzó : buscar una solución / por Connie Colwell Miller ; ilustrado por Sofia Cardoso.
Other titles: My friend embarrassed me. Spanish
Description: Mankato, Minnesota : Amicus, [2023] | Series: Tomando buenas decisiones | Audience: Ages 6-9 | Audience: Grades 2-3 | Summary: "In this illustrated Spanish choose-your-own-ending picture book, Cora lets slip that Abdi has a crush on Riley. Abdi is embarrassed. Will he retaliate or accept Cora's apology? Readers make choices for Abdi, with each story path leading to different outcomes. Includes four endings and discussion questions"—Provided by publisher.
Identifiers: LCCN 2022002407 (print) | LCCN 2022002408 (ebook) | ISBN 9781645494812 (library binding) | ISBN 9781681528885 (paperback) | ISBN 9781645494874 (pdf)
Subjects: LCSH: Embarrassment in children--Juvenile literature. | Friendship in children--Juvenile literature.
Classification: LCC BF723.E44 .M5518 2023 (print) | LCC BF723.E44 (ebook) | DDC 152.4--dc23/eng/20211217
LC record available at https://lccn.loc.gov/2022002407
LC ebook record available at https://lccn.loc.gov/2022002408

Rebecca Glaser, editora
Kathleen Petelinsek, diseñadora de la serie
Catherine Berthiaume, diseñadora de libra

ACERCA DE LA AUTORA

Connie Colwell Miller es una escritora, editora, e instructora que vive en Le Sueur, Minnesota, con sus cuatro hijos. Ha escrito más de 100 libros para niños pequeños. Le gusta contarles cuentos a sus hijos para enseñarles lecciones de vida importantes.

ACERCA DE LA ILUSTRADORA

Sofia Cardoso es una ilustradora de libros para niños, diseñadora y gastrónoma portuguesa, cuya pasión por la ilustración se remonta a su niñez. Usando una combinación de métodos tradicionales y digitales, pasa sus días creando ilustraciones divertidas, llenas de color y personajes de corta edad que quieren inspirar alegría y creatividad en los niños y en quienes tienen alma de niño.